Fiestas

Día del Trabajo

por Erika S. Manley

Bullfrog
Books

Ideas para padres y maestros

Bullfrog Books permite a los niños practicar la lectura de texto informacional desde el nivel principiante. Repeticiones, palabras conocidas y descripciones en las imágenes ayudan a los lectores principiantes.

Antes de leer

• Hablen acerca de las fotografías. ¿Qué representan para ellos?

• Consulten juntos el glosario de fotografías. Lean las palabras y hablen de ellas.

Durante la lectura

• Hojeen el libro y observen las fotografías. Deje que el niño haga preguntas. Muestre las descripciones en las imágenes.

• Lea el libro al niño, o deje que él o ella lo lea independientemente.

Después de leer

• Anime a que el niño piense más. Pregúntele: ¿Celebras el Día del Trabajo? ¿Cómo lo celebras?

Bullfrog Books are published by Jump!
5357 Penn Avenue South
Minneapolis, MN 55419
www.jumplibrary.com

Library of Congress Cataloging-in-Publication Data

Names: Manley, Erika S., author.
Title: Día del trabajo / por Erika S. Manley.
Other titles: Labor day. Spanish
Description: Bullfrog Edition. | Minneapolis, MN Jump!, Inc., [2018] | Series: Fiestas | Audience: Age: 5–8. | Audience: K to Grade 3. | Includes index. Description based on print version record and CIP data provided by publisher; resource not viewed.
Identifiers: LCCN 2017036946 (print)
LCCN 2017040216 (ebook) | ISBN 9781624967412 (ebook) ISBN 9781620319956 (hardcover : alk. paper) ISBN 9781620319963 (pbk.)
Subjects: LCSH: Labor Day—Juvenile literature.
Classification: LCC HD7791 (ebook) | LCC HD7791 .M3618 2017 (print) | DDC 394.264—dc23
LC record available at https://lccn.loc.gov/2017036946

Editors: Jenna Trnka & Jenny Fretland VanVoorst
Book Designer: Leah Sanders
Photo Researcher: Leah Sanders

Photo Credits: anilakkus/iStock, cover; kurhan/Shutterstock, 1; Dragon Images/Shutterstock, 3; michaeljung/iStock, 4, 24; Jose Luis Pelaez Inc/Getty, 5, 23tl; Dmitry Kalinovsky/Shutterstock, 6–7; Dave & Les Jacobs/Getty, 8–9; Kobby Dagan/Shutterstock, 10–11, 23bl; Monkey Business Images/Shutterstock, 12–13, 20–21; kali9/iStock, 14, 22bl, 23tr; gresei/Shutterstock, 15; Echo/Getty, 16–17; Deklofenak/iStock, 18; Africa Studio/Shutterstock, 19, 22tr, 23br; Nikodash/Shutterstock, 22tl; Minerva Studio/Shutterstock, 22br.

Printed in the United States of America at Corporate Graphics in North Mankato, Minnesota.

Tabla de contenido

¿Qué es el Día del Trabajo?

El Día del Trabajo es un día festivo en los E.U.

Se lleva acabo el primer lunes de septiembre.

¿Que celebramos?
¡Trabajo duro!

5

Honramos a los trabajadores.

Ellos hacen fuerte a nuestro país.

Las ciudades tienen
eventos especiales.

Los líderes
dan discursos.

Ellos les agradecen
a los trabajadores.

También hay desfiles.

¡Mira!

La banda marchante está tocando.

banda marchante

Mucha gente tiene el día libre.

No trabajan.

Pasan tiempo con la familia.

Eva va a un picnic.

**Ella come un hot dog.
¡Rico!**

El Día del Trabajo
significa que el
verano terminó.

Comienza el otoño.

Pronto empezará la escuela.

escolares

Nos preparamos.
Compramos
útiles escolares.

El Día del Trabajo es un día especial.

¿Cómo lo celebraras?

Diferentes tipos de trabajo

Las secretarias realizan tareas en una oficina, tales como contestar teléfonos y organizar archivos.

Trabajadores de construcción construyen cosas, tales como casas y escuelas.

Trabajadores de servicio de alimentos sirven comida y bebidas.

Los doctores ayudan curando a las personas que se lastiman o enferman.

Glosario con fotografías

banda marchante
Una banda que marcha mientras tocan instrumentos.

picnic
Alimentos que se comen afuera, usualmente en un ambiente fuera de casa.

materiales
Artículos requeridos para una actividad en particular.

trabajo
Servicios realizados por trabajadores por salarios.

Índice

Para aprender más

Aprender más es tan fácil como 1, 2, 3.

1) Visite www.factsurfer.com

2) Escriba "díadeltrabajo" en la caja de búsqueda.

3) Haga clic en el botón "Surf" para obtener una lista de sitios web.

Con factsurfer.com, más información está a solo un clic de distancia.